LES
MOBILISÉS
DU NORD

PAR

le Colonel **ALEXIS BEL**

COMMANDANT EN SECOND LES MOBILISÉS DU NORD

LILLE

IMPRIMERIE DE LEFEBVRE-DUCROCQ

Rue Esquermoise, 57

1871

AVANT-PROPOS

La garde nationale mobilisée est, depuis les grands événements militaires qui se sont accomplis dans le Nord de la France, l'objet de critiques amères, trop justes hélas! à un certain point de vue, mais qui n'empêchent pas cependant de rechercher les circonstances atténuantes.

L'esprit patriotique se révolte à la pensée que l'histoire, trompée par les apparences et des déclarations ou attestations erronées, pourrait enregistrer d'une manière ineffaçable l'acte de déchéance de la population française de 1870.

Il appartient à tous ceux que leur position a mis à même d'analyser les circonstances qui viennent de se dérouler si tristement sous nos yeux d'exposer tous les faits dans toute leur vérité.

Il faut que le blâme encouru soit supporté par chacun dans la proportion qui lui incombe

Si des fautes ont été commises, il faut, quelle que soit leur gravité, les renvoyer à leurs auteurs avec leurs terribles conséquences qui ne doivent pas flétrir d'une tache indélébile celui-là même qui en est la première victime, le Peuple français.

Donc, analyser les faits et les actes, et en faire ressortir les conséquences, voilà le but que je me suis proposé en publiant ce travail.

J'aurai la satisfaction d'avoir fait mon devoir, si, dans la mesure de mes modestes attributions, j'ai pu contribuer à apporter un peu de lumière dans le chaos où nous sommes plongés, et surtout à réhabiliter la garde nationale mobilisée si injustement flétrie.

Lille, le 5 avril 1871.

ALEXIS BEL,

Colonel commandant en second les mobilisés du Nord.

LES
MOBILISÉS DU NORD

CHAPITRE 1ᵉʳ

La garde nationale mobilisée du Nord a été appelée à l'activité et elle est entrée en solde du département le 29 novembre 1870. Le même jour, un télégramme [1] adressé au gouvernement de Tours s'exprime ainsi :

« Commandant supérieur garde nationale mobilisée
« du Nord à Secrétaire général Intérieur Tours:

« 31,000 gardes nationaux du Nord, mobilisés en
« date du 29 — bien armés — 11,000 chassepots ; le
« reste presque entièrement en carabines se chargeant
« par la culasse — Casernés dès demain dans les chefs-
« lieux d'arrondissements d'où je les dirigerai sur le
« camp de Bourlon, si vous approuvez l'emplacement.
« — Protection des routes de Douai, Cambrai, Arras.
« — Plateaux ras et boisés.

« Puis-je préparer des compagnies pour en faire des
« artilleurs dans le cas où le département procurerait
« des pièces de campagne?»

---

[1] Extrait du registre des dépêches télégraphiques déposé aux archives de la Préfecture.

Il est impossible d'affirmer d'une façon plus péremptoire l'armement et l'équipement de 31,000 gardes nationaux mobilisés. En présence d'une déclaration si formelle, l'histoire et le pays auraient le droit de demander compte à cette armée de sa conduite dans les batailles et les combats qui se sont succédés après sa création. Mais ici, une question s'impose brutalement : le télégramme dit-il vrai ? y avait-il réellement 31,000 gardes nationaux du Nord mobilisés ? Ceux qui ont été mobilisés par circulaire et qui devaient être casernés dans les chefs-lieux d'arrondissements ont-ils constitué un effectif réel de 31,000 hommes ? Étaient-ils habillés, équipés, armés et surtout administrés, conditions indispensables à la formation réelle d'une armée ?

C'est ce que je vais examiner brièvement.

CHAPITRE II.

Effectif.

Il est vrai que le chiffre de 31,000 mobilisés est le résultat des inscriptions sur les contrôles donnés par les communes; mais il est vrai aussi que ces contrôles étaient pour la plupart, sinon *tous*, erronés, car on y voyait figurer un nombre considérable d'hommes qui étaient soit mariés, soit dans la garde nationale mobile, soit dans l'armée active, soit étranger, soit dispensés de la mobilisation en vertu de leurs professions, etc. D'ailleurs, la circulaire préfectorale n° 64, en date du 19 novembre 1870, met en tête de la colonne des effectifs : « *Effectif approximatif de chaque compagnie.*» Est-ce assez clair ?

A cet égard, l'erreur est donc aussi évidente que considérable, et, chose triste à constater, le service de recensement a si mal fonctionné qu'il a été impossible d'établir le chiffre réel des mobilisables.

En outre, il convient de déduire de ce chiffre le nombre étonnant de ceux qui sont parvenus à se soustraire à leur devoir, soit comme réfractaires, que certaines administrations municipales n'ont pas eu l'énergie ou la volonté de faire rejoindre, soit en obtenant d'une faveur que je ne veux pas qualifier des sinécures plus ou moins honorables. Le reste était la garde nationale mobilisée.

Nommé colonel par arrêté du 12 décembre 1870, je prends, le 15 du même mois, le commandement des 5e, 7e et 8e légions, ainsi que de dix bataillons appartenant aux 2e, 3e, 6e et 9e légions. La 4e légion était alors à Avesnes [1]. Le soir du même jour, M. Robin, commandant supérieur, se dirigeait sur Douai avec quatorze bataillons tirés des 1re, 2e, 3e et 9e légions, et formant deux brigades composées chacune de deux régiments à trois bataillons. En tête de la première brigade [2] marchait un bataillon de voltigeurs volontaires; en tête de la seconde [3] marchait le 4e bataillon de la 5e légion. La 1re brigade était commandée par M. le colonel Brusley, et la seconde par M. le colonel Amos.

Telle était à la date du 15 décembre la composition de la garde nationale mobilisée qui comptait alors environ 26,559 hommes, pas plus [4].

---

1 Son effectif approximatif était d'environ 3,000 hommes.
2 Effectif : 4,227 officiers, sous-officiers et gardes.
3 Effectif : 4,430 officiers, sous-officiers et gardes.
4 Voir le tableau de répartition établi à la date du 20 décembre 1870.

CHAPITRE III.

Armement.

Ainsi que je viens de le démontrer, l'effectif de la garde nationale mobilisée du Nord était, dans la dépêche du 29 novembre *extraordinairement exagéré.* Je vais établir qu'il en était de même en ce qui concerne l'armement.

Ce télégramme dit : « 31,000 gardes nationaux du « Nord, mobilisés,—*bien armés*—11,000 *chassepots,* « le reste *presque entièrement en carabines se char-* « *geant par la culasse.* »

Or, la vérité à cet égard, la voici : il a été distribué à la garde nationale mobilisée du Nord, 3,490 chasse-pots répartis entre la 1re légion et le bataillon de volti-geurs comprenant 360 hommes. Quatre bataillons étaient armés de carabines Minié de *divers calibres* ; le reste de l'armement consistait en fusils à percussion de tous les modèles et de calibres variés, tels que fusils à silex transformés, fusils de douaniers, de dragons, de voltigeurs, etc., etc, dont plusieurs étaient restés chargés depuis un temps immémorial.

Je n'ai pas besoin d'insister sur l'infériorité du tir résultant d'un pareil armement mis entre les mains de troupes même parfaitement expérimentées ; il est évi-dent que le peu de portée des armes, la lenteur du tir et la difficulté de distribuer convenablement les muni-tions pour des modèles et des calibres différents, mettaient la garde nationale mobilisée dans l'impossibilité de s'en servir efficacement. De plus, il est à remarquer que les nécessaires d'armes, les tire-balles et les épinglettes, si indispensables en tout temps, et surtout en campagne, faisaient complètement défaut.

Et cependant, nul n'ignore que sans ces objets indispensables, il est matériellement impossible au soldat de faire convenablement usage de son arme.

Quant aux carabines se chargeant par la culasse, *elles n'ont jamais existé que dans l'imagination de ceux qui ont rédigé la dépêche et dans l'esprit de ceux qui y ont ajouté foi.* Telle est la vérité pure et simple sur ce point important qui fera l'objet d'une mention spéciale dans la suite de ce travail.

CHAPITRE IV.

Casernement.

Le télégramme du 29 novembre, que je continuerai à citer, dit : « 31,000 gardes nationaux mobilisés, « casernés dès demain dans les chefs-lieux d'arron- « dissements, d'où je les dirigerai sur le camp de « Bourlon, si vous approuvez l'emplacement. »

À cet égard que s'est-il passé? Les gardes nationaux mobilisés répondant sinon avec enthousiasme, du moins avec la plus louable docilité, à l'appel ou à l'ordre qui leur était adressé, se sont rendus en corps dans leurs chefs-lieux d'arrondissement respectifs. Là, aucune mesure n'était prise pour les recevoir et l'on serait presque en droit de douter que la moindre instruction ait été donnée à cet égard; aussi, dut-on d'abord renvoyer dans leurs communes respectives les compagnies qui avaient été appelées, pour les convoquer de nouveau quelques jours après.

Ce contre-temps eut pour conséquence première de faire murmurer les hommes et de leur inspirer de la défiance à l'égard de l'administration chargée de les organiser. Quelques jours après les mobilisés furent à peu près logés dans les chefs-lieux d'arrondissement ; mais la proximité de leurs communes, le désir de se retrouver encore, ne fût-ce que quelques heures, auprès de ceux qui leur étaient chers, en engagèrent un grand nombre à rentrer chez eux. Cet état de choses, qui dura jusqu'au départ des légions pour le chef-lieu du département, produisit les plus mauvais résultats ; il permit à ces soldats de circonstance de se plaindre du métier qu'ils peignirent sous les couleurs les plus sombres ; et, aux parents désolés, d'énerver par leurs lamentations l'énergie et le courage qu'il eût fallu, au contraire, chercher à raffermir. De plus, pour un grand nombre, dont les ressources pécuniaires étaient très limitées, ces allées et venues eurent le fâcheux effet d'épuiser complètement leurs économies.

Aussi, en arrivant à Lille, la misère et son cortège habituel se faisaient déjà sentir, et l'on réclamait à grands cris le paiement de la solde qui ne venait pas [1].

Ici, pour la plupart, l'éloignement était déjà assez grand pour interdire aux mobilisés la possibilité de rentrer chez eux : force fut donc d'accepter le casernement, et, pour vivre, d'avoir recours aux expédients.

---

[1] Les gardes nationaux mobilisés ne vivaient pas à l'ordinaire , comme l'armée active et étaient néanmoins payés par période de cinq jours. Il fallut renoncer à ce mode de paiement de la solde et leur donner la somme de 1 franc par jour qui leur était allouée.

On ne peut s'empêcher de frémir d'indignation en songeant à la coupable négligence, qui a présidé au choix et à l'ameublement des casernes. Qu'on se figure des locaux complétement nus, malsains pour la plupart, privés de vitres ; c'est là que, sur une botte de paille par homme et par quinzaine, sans toile, sans couverture devront coucher, par un froid de dix degrés, les gardes nationaux mobilisés qui viennent de quitter leurs foyers et dont on veut faire les *sauveurs de la France*.

La première nuit surtout fut terrible : les hommes, qu'on faisait passer sans transition de la vie de famille à la vie de campagne, ignoraient pour la plupart la manière de s'installer ; l'état d'ébriété dans lequel un grand nombre se trouvait rendit les effets du froid plus fâcheux encore ; les maladies assaillirent la nouvelle armée avant même qu'elle fut créée : à Lille, plusieurs mobilisés furent trouvés presque morts de froid, et l'un d'eux ne put être rappelé à la vie.

Le 12 décembre, huit légions sont réunies à Lille et casernées, comme je viens de le dire, soit dans des filatures abandonnées, soit dans des maisons à louer ; les plus favorisés, en apparence, sont logés chez les habitants dont un certain nombre les reçoit si mal que la plupart préfèrent rentrer chez eux chaque soir, au prix d'une longue marche. Les moins malheureux étaient les mobilisés des localités des environs de Lille desservies par les voitures publiques qui en étaient, chaque jour, littéralement encombrées.

Plus de la moitié de l'effectif n'était pas habillée le jour de l'appel à l'activité. Les états de distribution, à partir du 15 décembre, jour où j'ai pris le commandement des mobilisés non enrégimentés, sont là pour le démontrer.

Quelle impression devaient produire sur ces hommes la négligence et l'imprévoyance dont ils étaient l'objet? Il n'est pas besoin de répondre à cette question. Elle se rattache d'ailleurs à celle du casernement, au point de vue sanitaire, car les mobilisés mal vêtus devaient souffrir d'autant plus des intempéries de la saison dans leurs tristes casernes.

Ceux qui étaient habillés n'étaient guère, il faut le dire, dans une meilleure situation; car, pour des causes que je n'ai pas à examiner ici, l'habillement n'a été qu'une déplorable caricature de celui qu'on accorde à l'armée. Le pantalon et la vareuse étaient faits d'un tissu qui n'a pas de *nom* dans le vocabulaire; ils étaient mal cousus; les boutons n'avaient pas la moindre solidité, et après quelques jours d'usage, il ne restait des vêtements que ce qu'on appelle, en langage vulgaire, de véritables *loques*. Les chaussures étaient en cuir spongieux et sans solidité; elles étaient également mal cousues, et j'ai constaté qu'un assez grand nombre d'entre elles étaient *garnies de carton*. Ici, je ne puis m'empêcher de m'écrier avec le rédacteur du TIMES : « *Il n'y aura jamais de potence assez haute pour pendre ces fournisseurs.* »

Je ne crois pas qu'il soit nécessaire de m'étendre sur cette question; il suffira, pour la faire apprécier exactement, de transcrire la note que j'ai eu l'honneur de remettre à cet égard à l'administration après avoir passé une revue d'effectif :

Rien n'avait donc été préparé pour recevoir l'armée auxiliaire. Mais la triste situation dans laquelle elle se trouvait faisait nécessairement supposer qu'il n'y avait là qu'un manque de prévoyance, et que la faute ne tarderait pas à être réparée.

Les réclamations ne tardèrent pas à surgir, timides d'abord, preuve du respect accordé à l'autorité provisoire.

On n'en tint aucun compte ; elles devinrent plus caractérisées. Ce fut en vain ; et les mobilisés, qu'on serait en droit d'appeler les parias français, durent subir, au prix de souffrances excessives, un casernement incroyable qui a provoqué des cas nombreux de maladies et semé des germes d'infirmités futures.

Tel a toujours été l'état du casernement que le télégramme du 29 novembre annonçait dans des termes qui fesaient croire que toutes les mesures avaient été prises pour donner satisfaction aux besoins sanitaires de la mobilisée du Nord.

CHAPITRE V

Habillement.

Il est notoire que l'habillement joue un grand rôle dans la création d'une armée, au point de vue de l'hygiène d'abord, au point de vue de la régularité ensuite.

Au point de vue de l'hygiène, il est incontestable que cette considération a un intérèt de premier ordre ; car, indépendamment de la question humanitaire, il est démontré que tout soldat mal vètu, et par suite souffreteux et mécontent, est généralement un mauvais soldat. Au point de vue de la régularité, il est inutile de faire remarquer que toute armée mal habillée produit l'effet moral le plus fàcheux. C'est ce qui est arrivé pour la garde nationale mobilisée.

Képis................ Assez bons, mais généralement mal confectionnés.

Vareuses.......... Drap détestable, confection extra-mauvaise.

Pantalons........ Drap pareil à celui des vareuses, coupé généralement mauvaise. — Trop étroits ou trop courts en général, partant prompte usure.

Chaussures....... Cuir très perméable et sans solidité ; semelles mal cousues, mauvais conditionnement. Il y avait même des chaussures qui étaient *garnies de carton.*

Guêtres de toile.... Généralement trop étroites.

Chaussettes....... D'exécrable qualité.

Chemises.......... Assez bonnes.

Ceintures de flanelle. Assez bonnes.

Je n'ai pas à faire ressortir ici le préjudice énorme que ces abus ont dû occasionner au budget départemental et à celui du pays ; mais je crois devoir signaler l'impression fâcheuse produite sur les hommes ainsi vêtus et chaussés.

CHAPITRE VI.

Objets de campement. — Leur qualité. — Leur confection.

Lors de leur appel à l'activité, les mobilisés n'avaient reçu aucun ustensile de campagne ; les distributions n'en ont été faites que bien irrégulièrement et après un long

séjour à Lille, d'abord aux légions transformées en
régiments de marche, à la veille de leur départ, ensuite,
dans des limites très restreintes, à celles qui restaient à.
Lille.

Les soldats n'ont pas pu, par conséquent, apprendre
à s'en servir, et ces objets, si indispensables en campagne à toute armée bien organisée et bien exercée,
n'étaient ici qu'une gêne inutile. D'ailleurs, en admet-
tant que les mobilisés eussent pu acquérir une habitude
suffisante pour se servir utilement des objets de campement, il est à remarquer que ceux-ci ne leur en au-
aient pas été plus utiles, par la raison bien simple qu'ils
n'étaient pas capables de supporter le service. Tous,
petites gamelles, petits bidons, marmites, grands bidons
à eau, grandes gamelles, étaient mal soudés, mal rivés,
mal confectionnés, en un mot — *c'était de véritable
pacotille.*

Cela dit, il n'y a pas lieu d'insister sur ce point.

CHAPITRE VII.

Equipement.

L'équipement laissait à désirer presque autant que
les objets de campement. Les ceinturons seuls étaient
assez bons ; les fourreaux de baïonnettes étaient très
mal conditionnés et incapables de supporter la moindre
fatigue ; les cartouchières fermaient mal et les havre-
sacs [1] qui ont été distribués longtemps après l'appel à

---

1 Au mois de janvier, la division active n'avait pas encore reçu tous
les havre-sacs. Il en était de même des capotes, quoi qu'en dise le *Rapport
officiel* publié sur la mobilisée de toute la France.

l'activité étaient fabriqués d'une façon *déplorable* et avec de *très mauvaise matière*. A cet égard, comme à celui des objets de campement, *tout était pacotille.*

CHAPITRE VIII.

Cadre des officiers.

Ce titre qui désigne ordinairement une organisation vraie, c'est-à-dire le classement d'officiers capables, nécessaires à la direction d'un corps n'est ici qu'un véritable contre-sens, car il n'y avait pas d'officiers. L'élection par le suffrage universel a produit, dans cette circonstance, sauf quelques exceptions, les résultats les plus tristes et en même temps les plus ridicules. Les faits sont là pour le démontrer. Mais a-t-on le droit d'accuser les chefs ainsi nommés de n'avoir pas donné ce que le pays était en droit d'attendre d'eux ? Non, à mon sens, le mode de nomination seul était vicieux. Je sais bien qu'on dira que c'était à ceux-là mêmes que le pays tout entier avait jugés les plus dignes à se montrer tels, mais je réponds que les communes se sont trouvées souvent dans l'impossibilité de désigner des gens réellement capables d'être ou de devenir officiers, parce que les gardes nationaux de chaque localité, forcés de prendre leurs chefs dans la compagnie même, ont dû nécessairement désigner, à défaut d'autres éléments, des nullités au point de vue militaire.

Peut-on accuser les élus dans ce cas de n'avoir pas été plus savants ? Certainement, non ! Cette obligation ne pouvait pas s'imposer du jour au lendemain. Mais, dit-on aussi, non-seulement les chefs n'étaient pas capables, mais même beaucoup n'étaient pas braves. C'est encore là une conséquence qui doit être en partie attribuée à l'élection qui presque toujours a nommé non pas les moins indignes, mais ceux qui *représentaient le plus l'intérêt personnel des mobilisés ;* et pour un certain nombre de ces derniers, l'intérêt personnel semblait être d'avoir des chefs qui ne les conduisissent pas au danger.

Comment former des régiments dignes de ce nom avec des officiers n'ayant et ne pouvant donner la moindre instruction militaire ; ignorant complètement leurs devoirs et leurs droits à l'égard de leurs soldats ; trop faibles ou trop *engagés* vis-à-vis d'eux pour remplir les uns et faire respecter les autres ?

Quoi de plus triste que le spectacle donné à Lille par des officiers de la garde nationale mobilisée qu'on voyait inonder les établissements publics, même les plus mal famés, et s'y afficher avec des femmes éhontées, tandis que la France était envahie et que tant d'autres de nos concitoyens se faisaient écraser sur les champs de bataille et décimer par les intempéries de la saison ; que l'ennemi s'approchait déjà de nos portes, et que les soldats de ces officiers qui ne pensaient qu'au plaisir grelottaient de misère et de froid sur quelques brins de paille? Qu'ont-ils fait à Lille et ailleurs tous ces officiers, qui avaient su si bien accuser dans d'autres circonstances, et qui, grands vainqueurs de cafés, prétendaient sauver la France? Ils ne se sont pas même donné la la peine d'acquérir les connaissances préliminaires nécessaires au soldat. Or, je le répète, l'élection seule est cause de ces tristes résultats, car il était impossible que les populations, celles des campagnes surtout, pussent choisir ou pussent discerner et nommer des hommes réellement aptes à les instruire, les diriger, les protéger, en un mot, à en faire des soldats dont la discipline, la bravoure et le patriotisme eussent pu sauver la France.

On invoque que les officiers manquaient, que le temps manquait pour bien choisir, pour éclairer l'élection en faisant subir des examens aux candidats. A cela je réponds : Pourquoi ne s'est-on pas mis à l'œuvre immédiatement après la désastreuse journée de Sedan, alors que la guerre à outrance a été acceptée?

Et puisqu'on ne l'a pas fait, pourquoi invoque-t-on ensuite que le temps a manqué pour bien organiser?

Il est incontestable qu'il y avait pénurie d'officiers après les défections de Sedan et de Metz ; néanmoins, il en est rentré un grand nombre qui s'étaient évadés à leurs risques et périls, désireux de revenir contribuer au salut du pays et venger l'affront infligé à nos armes. On n'a pas cru devoir les employer dans les cadres de la mobilisée où leur expérience et leurs connaissances spéciales auraient rendu d'éminents services. Je n'ai pas à rechercher les causes de cette mesure, et je dois me restreindre à constater le fait. Quant à la direction à donner à l'élection, elle était très facile, et le temps ne manquait pas pour régulariser ce mode de nomination, de façon à en obtenir des résultats aussi convenables qu'il était permis de l'espérer; mais pour atteindre ce but il fallait se mettre sérieusement à l'œuvre après le 4 septembre.

Par suite de ces nominations d'officiers sans expérience, sans aptitudes spéciales ; et par conséquent incapables d'apprécier l'opportunité des nominations qu'ils ont faites eux-mêmes et du mérite des postulants qu'ils ont nommés, il est résulté cet étrange chaos dans lequel est tombée la garde nationale mobilisée ; chacun ignorant ses devoirs et ses attributions, souvent même peu disposé à les remplir, il a dû s'en suivre un désordre dont les troupes étaient victimes.

L'administration départementale elle-même n'a pas tardé à se trouver débordée par suite du peu d'aide et de concours qu'elle a rencontré dans les cadres de la mobilisée.

La nomination à l'élection par commune des officiers de la mobilisée a donc été une des causes principales du désordre et des souffrances de l'armée auxiliaire du Nord.

CHAPITRE IX.

Instruction des sous-officiers et caporaux.

Nul n'ignore l'importance du rôle que jouent dans une armée les sous-officiers, qui sont réellement l'âme des compagnies. Le sergent-major surtout est d'une utilité incontestable. Intermédiaires entre les officiers et les soldats, ce sont les sous-officiers qui doivent faciliter les bons rapports entre eux. Responsables de la bonne tenue et de la discipline, ils sont eux-mêmes astreints à une discipline et à une tenue irréprochables qu'ils ont d'ailleurs apprises par un long séjour à l'armée. Instructeurs sérieux, ayant toutes les qualités et toutes les connaissances requises pour bien remplir leur mission, c'est à eux qu'incombe l'honneur de former et d'instruire les soldats que les officiers supérieurs auront ensuite à conduire à la revue ou au combat ; et, je ne crains pas de dire qu'à la revue comme au comba , l'armée sera d'autant plus brillante qu'elle aura de bons sous-officiers.

Je ne prétends pas cependant insinuer qu'aux sous-officiers seulement revient tout l'honneur de l'instruction de l'armée ; il est évident que si les sous-officiers sont instruits, s'ils travaillent, s'ils entretiennent dans les compagnies l'ordre et la discipline, c'est parce que les officiers — et c'est là un de leurs plus grands mérites — savent les discerner, les choisir et les diriger. Ainsi, en résumé, pour qu'une armée soit bonne, il lui faut de bons sous-officiers ; pour avoir de bons sous-officiers, il faut de bons officiers.

A ce dernier point de vue, j'ai examiné dans le chapitre précédent ce qu'était le corps des officiers mobilisés. On ne pouvait donc compter sur lui pour choisir et former de bons sous-officiers. Le choix d'ailleurs ne leur appartenait pas au moment de la formation des légions, attendu que les sous-officiers et caporaux ont été, comme les officiers, nommés à l'élection.

L'immense majorité des sous-officiers et caporaux ignorait les premières notions de l'instruction militaire ; beaucoup même ne savaient pas lire et se trouvaient par suite dans l'impossibilité d'apprendre leur théorie.

D'ailleurs, ils n'exerçaient sur leurs hommes aucune autorité, de même qu'ils ne subissaient pas l'autorité de leurs officiers, parce que de part et d'autre, le prestige faisait place à la camaraderie. Comment pouvait-il en être autrement chez tous ces hommes habitués à vivre ensemble, à s'amuser ensemble, ayant même entre eux de nombreux liens de parenté. J'ai même remarqué souvent que des officiers se laissaient manquer de respect par leurs soldats qui, dans la vie privée étaient leurs supérieurs soit par la position de fortune, soit par l'intelligence.

De cet état d'organisation est résulté la déplorable situation de l'armée auxiliaire en campagne.

Encore une fois, je pose ici la question : les mobilisés sont-ils coupables de cet état de choses ? avait-on le droit d'exiger d'eux ce qui ne s'improvise pas ? Une instruction et une expérience que les troupes n'acquièrent ordinairement qu'après un long service et des exercices continuels dirigés par de bons instructeurs? A mon avis, la faute en revient tout entière au mode de nomination des officiers et de sous-officiers d'abord, et ensuite au peu de temps qui a existé entre l'appel à l'activité et l'entrée en campagne.

CHAPITRE X.

Discipline.

J'ai déjà dit, en parlant des officiers et des sous-officiers, combien l'organisation avait rendu difficile ou plutôt impossible la discipline dans l'armée auxiliaire. Une des causes qui ont le plus contribué à ce triste résultat, c'est aussi le casernement des mobilisés. La multiplicité des locaux servant de caserne où les hommes se trouvaient séparés ; où des fractions de compagnies se trouvaient confondues ; où la surveillance eût été impossible même pour des chefs expérimentés; où tout manquait, salle de police, prison, bureau, etc., etc.; où le nécessaire faisait si absolument défaut aux soldats, que ceux-ci ne voyaient rien de mieux à faire que de n'y pas rentrer. Toutes ces causes, en un mot, ont apporté continuellement les plus grands obstacles au maintien de l'ordre et de la discipline dont chacun était déjà si disposé à s'affranchir.

CHAPITRE XI.

Service de la comptabilité.

Après avoir exposé aussi brièvement que possible les principales causes qui, aux points de vue de la formation, de l'organisation et de l'administration, ont fait de la mobilisée la plus triste armée dont il soit peut-être d'exemple ; après avoir cherché à démontrer que ce résultat ne doit pas être attribué à ceux-là mêmes qui ont tant souffert ; après avoir tenté de prouver que ceux-là même qu'on accuse aujourd'hui auraient donné au pays tout ce qu'il en attendait, si l'on avait su mettre à profit leur intelligence et exciter leur patriotisme, je crois devoir dire quelques mots sur la manière dont a été organisé le service de la comptabilité de la garde nationale mobilisée.

Un capitaine-major, choisi parmi les mobilisés, c'est-à-dire sans expérience de la comptabilité régimentaire et peut-être même n'ayant pas conscience de l'importance de ses fonctions, a été nommé à cet emploi pour diriger la comptabilité des légions mobilisées. Cet officier est parti en campagne le 15 décembre, comme aide-de-camp du commandant supérieur Robin, laissant un sous-officier pour diriger son bureau.

La comptabilité du capitaine-major était ainsi composée : un contrôle nominatif des officiers, sous-officiers, caporaux et gardes de chaque compagnie, sur feuilles volantes; les contrôles étaient la copie textuelle du travail établi dans chaque mairie lors de l'appel des mobilisés à l'activité. Dans certaines légions, on compte plus de trois cents fausses inscriptions.

Ces contrôles, qui étaient destinés à présenter les modifications à apporter dans l'ensemble et l'organisation des légions et compagnies, n'ont jamais, depuis leur établissement, reçu l'inscription d'une seule mutation. Telle est la comptabilité du capitaine-major.

S'il est vrai cependant que cette comptabilité ait un but utile, s'il est démontré que l'ordre qui doit y régner est indispensable à celui qui préside ordinairement à l'organisation et à la bonne administration des troupes, n'était-il pas opportun de confier cet emploi à des chefs expérimentés.

A mon avis, on aurait évité bien des erreurs et des mécomptes qu'il fallait d'autant plus empêcher que, dans la triste situation où se trouvait le pays, il était important d'utiliser ses ressources de la façon la plus juste et la plus exacte possible.

CONCLUSION

Après avoir établi aussi sommairement que possible les conditions d'organisation, d'administration, d'habillement, d'équipement et d'armement dans lesquelles a été formée la garde nationale mobilisée du Nord, il me reste à entrer dans quelques considérations générales sur la situation faite à cette armée au point de vue des services qu'elle pouvait rendre.

Les sarcasmes , je l'ai déjà dit, ne lui ont pas été épargnés ; on l'a hautement accusée de faiblesse et de lâcheté, et c'étaient ceux-là mêmes qui avaient trouvé moyen de se dispenser du service qu'on voyait souvent les plus acharnés.

Qu'eussent-ils donc fait eux-mêmes , les bravaches ?

Comment eussent-ils supporté les misères du casernement, le froid, les marches et les contre-marches, etc. au milieu de l'hiver, armés et équipés comme ils l'étaient ?

Ah ! il est bien facile d'accuser, après avoir bien dîné, assis près d'un bon feu ou à une table de café.

Il en coûte bien peu, et surtout quand l'ennemi est encore loin, en ce cas, de faire étalage d'héroïsme et de vertus civiques... ..

Mais on les a vus, ces grands *stratégistes d'estaminet,* trembler après nos défaites et redoutant une invasion des hordes de Guillaume.

Oui, hélas ! les mobilisés ont parfois lâché pied [1].

Mais qui donc osera encore leur jeter la pierre lorsqu'on aura démontré qu'il leur était moralement et matériellement impossible de combattre ?

Eh bien ! oui, un Français doit encore combattre, même lorsqu'il est épuisé de froid, de fatigue et de faim; même lorsqu'il est sans chefs, sans direction, abandonné à lui-même ! Et l'armée auxiliaire aurait combattu !

Mais pour combattre, mais pour lutter contre une armée puissante, par le nombre, munie d'armes perfectionnées,

---

1 J'estime qu'il y avait au moins 3,000 déserteurs ou réfractaires au moment de la signature de la paix. Afin de ne pas donner une prime à la lâcheté, le gouvernement devrait rechercher les coupables et en former un régiment que l'on pourrait envoyer dans une de nos colonies lointaines.

protégée par une artillerie formidable, il faut aussi des armes...... Les mobilisés n'en avaient pas.

Oh ! je le rappelle le télégramme du 29 novembre 1870, disant: « 31,000 mobilisés bien armés ; 11,000 chasse-« pots, le reste en carabines se chargeant par la culasse; » je les rappelle ces paroles qui, plus tard, dans une circonstance solennelle, affirmaient que l'armée auxiliaire était admirablement armée ; oui, je les rappelle afin de les démentir, parce que je ne veux pas que lorsque l'armée auxiliaire dira : « Je n'avais pas « d'armes ! » on puisse lui dire : « C'est faux !... »

Oui, les mobilisés étaient très mal armés.

En voici une preuve entre mille.

Le 16 décembre 1870, le télégramme suivant m'était envoyé de Violaine à Lille :

« Colonel du 2e régiment de la 1re brigade à commandant des gardes mobilisés Lille.

« Armement en carabines Minié reçu hier.
« Armement en très mauvais état.
« Aucun sabre ne va au canon.
« Pas de cartouches !...
« On dit Prussiens à Bapaume.

Signé : Victor Dubreuil. »

Voilà comment se trouve armé un régiment de mobilisés qu'on dirige vers l'ennemi.

Et cependant ce régiment est un des plus favorisés au point de vue de l'armement.

Et c'est dans ces conditions qu'il fallait résister.

« Comment! au moment de s'en servir, vous remettez des armes dont on ne connaît pas le maniement, vous les remettez sans cartouches et l'ennemi est là !...

Je demande aux troupes les plus anciennes et les mieux aguerries : « Est-il vrai que dans de semblables conditions il soit moralement possible de résister? »

Et cependant les vieilles troupes sont disciplinées, elles connaissent leurs chefs et elles se battent d'autant mieux qu'elles ont plus de confiance en eux.

Mais quelle confiance pouvait avoir dans la plupart de ses chefs la garde nationale mobilisée ?

Et la discipline, sans laquelle il n'y a pas d'armée, qu'en a-t-on fait ?

Aucune expression ne saurait peindre l'indescriptible désordre qui régnait souvent dans les rangs de la garde nationale mobilisée !

Aucun grade n'était respecté — j'en ai dit les causes; — les ordres étaient à peine exécutés, et, quand après avoir pris le commandement en second, j'ai voulu remédier à cet état de choses, j'ai rencontré partout et sous toutes les formes une résistance incroyable.

L'impulsion était donnée et il n'était plus possible de compter sur le concours des officiers, et le temps manquait.

Et cependant, on ne l'oublie pas, et nul ne l'ignore d'ailleurs, sans discipline il n'y a pas d'armée, *il n'y a que des bandes*, en un mot, *des cohues de poltrons*.

Quelles que soient les lois qui régissent un peuple, il faut qu'au point de vue de la discipline l'armée ait ses règlements spéciaux, justes mais sévères et *rigoureusement observés* par chacun de ses membres. Il faut qu'en tout temps, et *surtout en temps de guerre, les ordres ne soient pas discutés du haut en bas de l'échelle hiérarchique, comme cela a malheureusement lieu de nos jours.* Mais pour arriver à ce but, seul moyen d'avoir une armée capable de faire de grandes choses, il faudra aussi porter une main ferme sur le système d'éducation général de la nation, tant au point de vue moral qu'au point de vue politique. Il faudra enfin que la majeure partie des Français cesse d'être ce qu'étaient jadis les rhéteurs sans conviction profonde du Bas-Empire, et que le sort de la malheureuse Pologne, expirant après tant de dissensions intestines, soigneusement entretenues par ses co-partageants, nous serve d'exemple. Je ne crains pas de dire que notre régénération est à ce prix.

TABLEAU

représentant l'effectif de la garde nationale mobilisée du Nord, au 16 décembre 1870.

NUMÉROS des RÉGIMENTS OU DES LÉGIONS. — EMPLACEMENTS	Officiers, sous-officiers et gardes sous les armes.	OBSERVATIONS
Division active faisant partie du 22e corps d'armée,		
en avant de Douai,		
A. ROBIN, commandant supérieur.		
1re BRIGADE.		
Voltigeurs,	379	
1er régiment de marche,	1,618	
2e régiment de marche,	2,230	
2e BRIGADE.		8,665
4e bataillon de la 5e légion,	701	
3e régiment de marche,	1,757	
4e régiment de marche,	1,980	
Troupes non remises au département de la guerre.		
Alexis BEL, colonel commandant en second.		Avec ces troupes j'ai formé cinq régiments de marche; le dernier a été remis à la guerre le 20 janvier ; fait sortir des rangs 2350 hommes pour servir à la création de l'artillerie mobilisée et 150 pour former une compagnie du génie. J'ai aussi envoyé 2,000 hommes dans l'armée active et 200 en Bretagne, pris parmi les mauvais sujets de la 7e légion et de la division active.
2e légon, 4e et 5e bons, à Lille,	978	
3e — 2e, 4e et 6e bons, à Lille	1,589	
4e — à Avesnes,	3,000	
5e — à Lille,	3,200	
6e — 2e et 3e bons, à Lille,	1,660	17,894
6e — 1er bon, à Abbeville,	850	
7e — à Lille,	1,880	
8e — à Lille,	2,996	
9e — 1er, 2e et 4e bons, à Lille	1,741	
TOTAL GÉNÉRAL.	26,559	

Au moment de faire paraître ma brochure, je reçois copie d'une lettre que MM. les lieutenants-colonels commandant les régiments de marche de la division active des mobilisés adressèrent à M. Robin, commandant supérieur, à la date du 12 décembre. Je transcris textuellement ce document, qui n'a pas besoin de commentaires :

« Lille, le 12 décembre 1870.

« Mon Général,

« Pour assurer le succès d'une entreprise quelconque, il s'agit bien moins de hâter outre mesure l'exécution de moyens arrêtés, que de préparer sagement, et lentement même, les bases de l'organisation.

« Or, dans la décision que vous nous avez communiquée relativement au départ de la garde nationale mobilisée, nous constatons avec douleur que non-seulement rien n'est convenablement préparé pour entrer en campagne, mais encore que l'instruction des cadres ainsi que celle de la troupe est tout à fait insuffisante, les questions d'armement et d'équipement ayant absorbé une grande partie du temps destiné aux exercices. Les hommes ne savent à peu près rien faire.

« Il est vrai qu'aux revues certains bataillons défilent avec assez d'ensemble, que les troupes présentent à ce moment un aspect militaire vraiment remarquable, mais nous vous ferons observer respectueusement, mon Général, que cela n'a qu'une signification relative, et qu'il serait dangereux de baser une appréciation quelconque sur ce premier résultat.

« Nos soldats sont pleins de zèle, pleins de bonne volonté ; leurs chefs n'aspirent qu'au moment de les conduire où l'honneur de la France les appelle, mais il est de notre devoir, à nous les chefs de ces légions que vous avez si rapidement organisées, de vous apporter ici l'écho des inquiétudes publiques.

« La plus grande partie de nos hommes, armés de fusils qu'un long repos a rouillés et détériorés, n'a jamais fait le premier coup de feu. Bien plus, la grande majorité, faute de nécessaires d'armes, faute d'indications précises, faute d'instruction, en un mot, ne sait ni démonter son arme, ni la nettoyer, ni l'entretenir.

« Plus de la moitié même des hommes ne sait pas faire la charge.

« L'armement n'a, d'ailleurs, aucune uniformité ; depuis le modèle 1812 jusqu'au chassepot, il y a de tout dans nos bataillons. Les havre-sacs, les petites gamelles, les bidons manquent à beaucoup d'hommes ; les chaussures, déjà usées tellement la qualité de la fourniture a été mauvaise, ont besoin d'être en grande partie remplacées. A côté de cela, les questions d'organisation intérieure n'ont pas encore été résolues ; le service médical n'est pas assuré ; les compagnies hors rang ne sont pas faites ; les chefs de service dans la comptabilité n'ont pas encore eu le temps de s'instruire sur les nouveaux devoirs que leur impose le service en campagne. En un mot, mon Général, nous pensons que nous ne pouvons partir dans de telles conditions, et que vraiment il y a lieu d'instruire davantage nos hommes avant de les envoyer combattre.

« En conséquence, nous avons l'honneur de vous prier de vouloir bien faire diriger chacune de nos légions sur un point bien déterminé qui puisse servir à l'instruction de nos hommes. Nous sommes persuadés d'avance, mon Général, que la cause de la patrie y gagnera en peu de temps une armée jeune, vaillante et instruite, et capable d'écraser ceux qui ne craignent pas de déclarer qu'ils veulent l'anéantissement de la France.

« Veuillez agréer, etc. »

L'un des signataires :

A. BRABANT,

Lieutenant-Colonel du 4e régiment de marche.

Lille, imp. de Lefebvre-Ducrocq, rue Esquermoise.